AF326366

# LA
# CANNE DE DAMOCLÈS

## COMÉDIE EN UN ACTE

### DE

## HENRI BOCAGE

Représentée pour la première fois au Théâtre des Variétés,
le 23 Juillet 1871.

## PARIS
## E. DENTU, EDITEUR
*Libraire de la Société des Auteurs et Compositeurs dramatiques*
### ET DE
*la Société des Gens de Lettres*
PALAIS-ROYAL, 17 & 19, GALERIE D'ORLÉANS
—
1871

# PERSONNAGES.

DORMET, 50 ans . . . . . . . . . . . . . MM. Heuzey.

OSCAR BONAMY, 30 ans, peintre. . .  Tousé.

ISIDORE, clerc de notaire . . . . . . .  Raulin.

LUCIE DORMET, 25 ans. . . . . . . . . Mmes Alzieu.

PAULINE VILLIER . . . . . . . . . . .  Lagneau.

# LA
# CANNE DE DAMOCLÈS

La scène est chez Dormet. — Petit salon à pans coupés. — Porte
au fond venant du dehors; une console de chaque côté de la
porte. — Porte à gauche, deuxième plan; cheminée à droite,
deuxième plan. — Un balcon à gauche au-dessous de la porte. —
Porte à droite, deuxième plan, donnant dans les appartements
de Dormet. — Deux placards, à droite et à gauche, s'ouvrant sur
le théâtre. — Un guéridon au milieu du théâtre. — Un canapé à
droite. — Pas du tout de tableaux dans le salon.

## SCÈNE PREMIÈRE

LUCIE, DORMET, *ils entrent par la gauche.*

DORMET.[*]

Non, ma chère amie, c'est réellement impossible...

LUCIE.

Monsieur, vous devenez d'une avarice...

DORMET.

Mais cette maison de campagne coûte cent mille francs !...
songes-y donc, cent mille francs !...

LUCIE.

C'est une raison pour la désirer. Au reste, vous êtes bien
assez riche.

DORMET.

Riche ! oh ! comme tu connais peu les affaires ! Mais

[*] Lucie, Dormet.

pardon, si je te quitte, une réunion d'actionnaires !...
(*à part*) d'actionnaires ! si elle savait... (*Haut.*) C'est très-
important... des hauts-fourneaux !...

LUCIE.

Allez, monsieur. Mais voyez donc si le notaire **ne con**-
sentirait pas à diminuer le prix de cette maison.

DORMET.

Je te promets d'essayer, mais je doute fort qu'il con-
sente. (*Il va pour sortir par le fond.*)

## SCÈNE II

LES MÊMES, MADAME PAULINE VILLIER, *entrant
vivement par le fond.*

PAULINE.*

Eh ! bonjour, chère ! oh ! que je suis contente de te ren-
contrer ! j'en sais de belles !

LUCIE.

Cette chère Pauline ! (*Elle l'embrasse.*)

DORMET, *à part.*

Encore cette évaporée ! (*Haut.*) Madame. (*Il salue.*)

PAULINE, *le regardant en face.*

Ah ! bonjour, je ne vous avais pas vu. Quelle drôle de
mine vous avez ! (*Elle rit.*)

DORMET.

Madame, je suis enchanté d'exciter votre hilarité, mais
vous voudrez bien m'excuser, une affaire importante...

LUCIE.

Oui ! une réunion d'actionnaires !...

PAULINE.

D'actionnaires !... Ah ! ah ! vraiment ! (*Elle rit.*)

DORMET.

Je vous salue, madame ! (*A part.*) Dieu que cette femme
me déplaît ! (*Il sort.*)

* Dormet, Lucie, Pauline.

## SCÈNE III

### MADAME PAULINE VILLIER, LUCIE.

LUCIE.*

Mais qu'as-tu donc, chère Pauline? tu es d'une gaieté.

PAULINE.

Au fait, tu as raison. J'ai peut-être tort, il n'y a pas de quoi rire.

LUCIE.

Mais qu'est-ce donc?

PAULINE.

Voyons, tu me promets d'être calme, n'est-ce pas?

LUCIE.

Quelle solennité! Tu m'effrayes!

PAULINE.

Il n'y a pas de quoi... C'est fort simple... je t'assure.

LUCIE.

Mais enfin?

PAULINE.

Eh bien?... ton mari te trompe...

LUCIE.

Mon mari!

PAULINE.

Lui-même...

LUCIE.

Tu plaisantes!...

PAULINE.

Pas du tout... Je ris, mais je ne plaisante pas. Sache-donc que les hauts-fourneaux de monsieur Dormet s'appellent Malakoff, une demi-mondaine dont les trente-deux dents blanches grignotent énormément et mangeraient tous les hauts-fourneaux de France et de Navarre!

LUCIE.

Monsieur Dormet me trompe! (*Se levant.*)

* Lucie, Pauline.

**PAULINE.**

De tout son cœur, mais il y a l'article profits et pertes, dont il ne récolte guère que la seconde partie. C'est un jeune peintre, un nommé Oscar Bonamy, je crois, qui complète ton mari. On m'a raconté une histoire de placard qui est à mourir de rire... Il y a de temps en temps des découvertes de cannes, de chapeaux.

**LUCIE.**

Ah! Pauline, comment peux-tu plaisanter ainsi?... je souffre de cette trahison !

**PAULINE.**

Allons donc! il faut en rire, chère Lucie! Tu devrais lui en savoir gré, le remercier, l'admirer même.

**LUCIE.**

Non! c'est indigne! Et puis cela blesse mon amour-propre! Être délaissée pour une femme qui ne me vaut peut-être pas!...

**PAULINE.**

Te valoir! je l'en défie bien. Est-ce qu'elles nous valent celles pour qui nos maris nous trompent? Est-ce qu'ils nous tromperaient sans cela? Chez eux la jeunesse, la beauté, l'éducation. Là-bas, le plâtrage, l'argot, des ruines. peuvent-ils hésiter ?

**LUCIE.**

Mais enfin, que me conseilles-tu ?

**PAULINE,** *après avoir réfléchi.*

Eh bien, fais une bonne peur à ton mari... voilà mon conseil.

**LUCIE.**

Comment cela?

**PAULINE.**

Voyons, entre nous, il y a bien quelque ami de ton mari, quelque cousin qui te fait un peu la cour. Cherche bien !

**LUCIE.**

Mais non !

PAULINE.

Cherche bien... et... fais une bonne peur à ton mari !...
Adieu...(*Elle remonte au fond.*)

LUCIE.

Tu me quittes ?

PAULINE.

Oui, une affaire importante !

LUCIE.

Une réunion d'actionnaires...

PAULINE.

Allons, tu ris. Tout va bien, suis mon conseil, il est
bon ! (*Elle sort par le fond.*)

## SCÈNE IV

LUCIE, *elle va s'asseoir pensive à la droite sur
une chaise.*

Suivre ton conseil ! oui, je le dois !... monsieur Dormet
mérite une leçon ! mais comment ?

## SCÈNE V

LUCIE, OSCAR, *entrant vivement par la porte de droite,
il est nu-tête et s'approche de la cheminée.*

OSCAR.*

J'en étais sûr ! Il y a du feu ici !... Au mois de septembre !
Si ça a du bon sens !

LUCIE, *se lève, à part.*

Quel est ce monsieur ? que veut-il ? (*Haut.*) Monsieur !

OSCAR, *il monte sur une chaise.*

Serviteur, madame ! (*Il frappe contre le mur.*) C'est
ça ! parbleu, c'est bien simple, la cheminée monte...

LUCIE.

Mais qu'est-ce que vous faites donc là, monsieur ?

* Oscar, Lucie.

OSCAR.

Madame, je ne fais pas de feu !

LUCIE.

Je n'ai pas le droit de faire du feu chez moi. — Mais qui êtes-vous ?

OSCAR, *descendant du fauteuil.*

Je demeure au-dessus. Oscar Bonamy ! Peintre !

LUCIE.

Je connais ce nom-là !

OSCAR.

Madame, vous m'étonnez ! Est-ce comme peintre ou comme locataire ?

LUCIE.

Comme peintre d'abord — et comme...

OSCAR.

Comme ?

LUCIE.

C'est un peu difficile à dire ?...

OSCAR.

Dites tout de même, madame, je ne suis pas suscep- tible...

LUCIE.

Je ne sais trop comment?... Enfin, monsieur, l'on dit que vous mordez quelquefois dans les pommes du voisin ?...

OSCAR, *à part.*

C'est qu'elle est charmante, cette petite dame ! (*Haut.*) Je comprends, madame. (*Avec modestie.*) En effet, quelques succès, mais si vous saviez combien de déboires !...

LUCIE.

Quoi, vraiment?

OSCAR.

Quels beaux yeux vous avez! Oui, madame! sachez que je suis poursuivi par un cauchemar de cinquante ans, gris pommelé, qui jette bien des épines dans mon existence !

LUCIE, *à part.*

C'est lui ! c'est mon mari !

OSCAR.

Que d'heures passées dans des armoires, des malles, des placards ! Que de nuits à la belle étoile, sous des balcons ! Ah ! voilà une jolie invention les balcons ! Et l'on interdit la guitare !... Les armoires, pas d'air, des envies féroces d'éternuer. Ce qu'il y a de mieux ce sont encore les placards. Croyez-moi, j'ai étudié la question à fond, à double fond même. J'entre, je m'installe, la conversation s'engage, drelin, ding, ding, c'est monsieur !... cachez-vous !... Et l'on me fourre n'importe où... Puis le gris pommelé entre, se carre dans le fauteuil que je viens d'abandonner. Vous riez, madame, n'est-ce pas que c'est horrible ?

LUCIE.

On m'a parlé d'une aventure très-originale qui vous serait arrivée il y a quelques jours, chez une...

OSCAR.

Quelles mains charmantes vous avez, madame ? Vous voulez parler de Nini, une demi-vertu qui cumule... Modèle le jour, grisette après le couvre-feu. Quelles atroces séances monsieur m'a fait passer dans une grande malle noire ! Mais tout change, même la grisette, surtout la grisette ! Un jour, je ne trouvai plus ni la femme ni la maison. Un boulevard avait passé par là.

LUCIE.

Mais non, on m'a parlé d'une histoire de placard...

OSCAR.

Ah ! Malakoff ! Oh ! nous sommes en pleine actualité. C'est une ex-danseuse. L'exiguïté vraiment prodigieuse de ses formes lui a valu une célébrité qu'elle exploite avec succès. En effet, chez elle, c'est un placard. J'avais pétitionné pour le percement d'un judas. J'allais l'obtenir... lorsque l'aventure d'avant-hier en a rendu la création inutile. Monsieur était entré... Il était ce jour-là d'un sentimentalisme outré... Il parlait chaumière et Malakoff répondait cachemire. Tout à coup il s'élance et tombe comme un académicien sur une nouvelle comète, sur la canne et le chapeau de votre serviteur, oubliés sur la cheminée. Il y a un homme ici ! s'écrie-t-il furieux, Il ouvre le placard malgré les grincements et les pleurs de Malakoff, et je tombe sur sa vaste poitrine. Ah ! ce fut une scène terrible. Mais Malakoff lui prouva clair comme le jour que j'étais son parrain, si bien que monsieur, honteux de l'avoir soupçonnée un instant, lui promit de payer certaine maison de campagne dont elle avait une envie démesurée.

LUCIE.

A Chatou !

OSCAR.

Justement ! Mais comment?...

LUCIE.

Ma maison ! Oh ! c'est trop fort ! — Oh ! le traître ! je me vengerai ! (*Elle passe à gauche.*)

OSCAR.*

Mais, madame, vous êtes agitée !

LUCIE, *agitée.*

Monsieur ! je suis très-heureuse d'avoir fait votre connaissance.

OSCAR.

Et moi donc, madame !

LUCIE.

Revenez me voir, monsieur !

OSCAR.

J'en abuserai, je vous le jure, madame !

LUCIE.

Je vous salue, monsieur !

OSCAR *sort en disant.*

A bientôt, madame ! (*Il sort par la porte de droite.*)

* Lucie, Oscar.

# SCÈNE VI

LUCIE, *seule.*

Il n'y a plus à en douter .. Ah! monsieur Dormet, je vous ferai une belle peur, je vous le promets !

# SCÈNE VII

LUCIE, ISIDORE. (*Il entre par le fond.*)

ISIDORE, *à part.*

C'est drôle... ça me produit de l'effet... quand on n'en a pas l'habitude...

LUCIE, *à part.*

Quel est ce monsieur?

ISIDORE, *à part.*

C'est bête à dire, à mon âge c'est la première fois que je viens chez une dame... comme celle-ci... (*Il voit Lucie.*) La voilà ! (*Il salue gauchement.*)

LUCIE.*

Monsieur, à qui ai-je l'honneur?

ISIDORE, *à part.*

Elle est très-bien... on ne dirait pas... (*Haut.*) Je suis Isidore... Népomucène, Philostrate Vernis.

LUCIE.

C'est beaucoup, tout cela, monsieur, mais...

ISIDORE.

Premier clerc de maître Filandreux, notaire patenté!.. Il a ses deux plaques de cuivre...

LUCIE.

Qu'ai-je à faire de vos plaques, monsieur?

ISIDORE.

Je viens pour la maison de campagne.

* Lucie, Isidore.

LUCIE.

Comment ?

ISIDORE.

Eh bien, oui, celle que vous paye Dormet ! Il n'est pas ici, le sieur Dormet ?

LUCIE.

Non, monsieur. (*A part.*) Que veut dire cela ? aurait-il consenti ?...

ISIDORE, *lui remettant un papier.*)

Voici l'acte, il est en règle !

LUCIE, *lisant à part.*

Au nom de mademoiselle Miroton, dite Malakoff. Mais alors, ce clerc me prend donc ? Voilà une erreur peu flatteuse, mais je vais en profiter. (*Haut.*) C'est bien en règle. Vous avez le double ?. .

ISIDORE.

Mais, oui. Vous êtes rudement gentille.

LUCIE.

Vous trouvez ?

ISIDORE.

Ah ! oui, allez, et si j'osais... mais j'aime autant revenir. Au revoir, mademoiselle, je reviendrai. (*Il sort par le fond.*)

LUCIE, *seule.*

Je tiens une pièce à conviction. A nous deux, mademoiselle Miroton ! (*Elle s'assied sur le canapé.*)

## SCÈNE VIII

### LUCIE, DORMET.

DORMET, *à part, venant de gauche.*

Malakoff est furieuse ! Elle a un peu raison ! Le notaire avait promis... (*Haut.*) Ah ! ma femme !

LUCIE, *à part.*

Quelle drôle de figure fait un homme trompé ! (*Haut.*) Vous revenez de votre réunion d'actionnaires ?

DORMET.

Oui, ma chère, à l'instant, nous terminons.

LUCIE, *d'un air moqueur, se levant.*

C'est un haut-fourneau, n'est-ce pas?

DORMET.

Tu le sais bien, avec des forges!

LUCIE.

Ah! il y a aussi des forges?

DORMET.

Mais, oui...

LUCIE.

Quel âge a-t-il votre haut-fourneau?

DORMET.

Hein?...

LUCIE, *moqueuse.*

Non, je voulais dire... vous rend-il heureux? ça mange beaucoup... (*Elle rit.*)

DORMET.

Que veut dire? Tu es bien gaie?

LUCIE, *toujours riant.*

C'est une affaire assez maigre, dit-on... Et puis vous n'êtes pas seul, dit-on encore?

DORMET.

Comment seul! mais certainement. Nous marchons, tu le sais, à la division du travail et des capitaux...

LUCIE, *moqueuse.*

Et des ménages...

DORMET.

Ah! je comprends... Tu me gardes rancune pour cette maison de campagne... Eh bien! vrai, j'y suis retourné, mais...

LUCIE.

Elle était vendue, n'est-ce pas?... C'est toujours comme
ça, les maisons de campagne.

DORMET.

Il faut faire des économies...

LUCIE.

C'est cela... et c'est le haut-fourneau qui les mangera...

DORMET.

Il faut penser à l'avenir... à nos enfants...

LUCIE.

Mais nous n'en avons pas... et...

DORMET.

Madame, vous comptez sans la Providence.

LUCIE.

Vous y comptez trop, vous. (*Fausse sortie.*) Monsieur
Dormet, un conseil... Défiez-vous des parrains! (*Elle sort
en riant par la porte de gauche.*)

## SCÈNE IX

### DORMET, *seul.*

Les parrains? Que veut-elle dire? Cette gaieté! Se dou-
terait-elle? C'est impossible... qui aurait pu lui dire?...

## SCÈNE X

### DORMET, OSCAR, *par la porte de droite.*

OSCAR.[*]

Elle est charmante, cette femme-là!... elle m'a dit de
revenir, et... Ciel!... Que vois-je?... le pommelé!

DORMET.

Le parrain de Malakoff ici!

OSCAR.

Allons, bon!... j'étais bien tranquille... c'est à recom-
mencer.

[*] Dormet, Oscar.

DORMET.

Qu'est-ce que vous voulez?

OSCAR.

Et vous?

DORMET.

La question est bonne! Vous venez de sa part?

OSCAR.

De sa part?... De qui?

DORMET, *assis au guéridon, à gauche.*

De votre filleule... Quelle imprudence!... Dites vite ce que vous voulez?

OSCAR.

C'est qu'il est installé ici comme chez lui!

DORMET.

Mais je suis chez moi...

OSCAR.

Vous n'êtes donc jamais content? Combien vous en faut-il? Vous êtes donc Omer-Pacha, vous?

DORMET.

Peut-être; mais ça ne vous regarde pas... qu'est-ce qu'elle vous a chargé de me dire?... (*Il se lève.*)

OSCAR.

Vous avez trop d'avantages sur moi. Voyons, entrons en arrangement... cédez-moi celle-ci.

DORMET.

Que je vous cède quoi?

OSCAR.

La petite dame d'ici.

DORMET.

Comment!... la dame d'ici?

OSCAR.

Si vous ne voulez pas, ça m'est égal, je recommencerai mon rôle... et si j'en crois certaine émotion, je pourrais bien, ici comme là-bas, sinon vous supplanter, au moins vous compléter.

DORMET.

C'est trop d'audace! Sortez, monsieur, je ne répondrais plus de moi!

OSCAR.

Est-ce que vous croyez que je réponds de vous, moi?

DORMET.

Que je ne vous retrouve plus ici! (*Oscar sort par la porte de droite.*) Eh bien! où allez-vous?

OSCAR, *revenant.*

Cela ne vous regarde pas, c'est mon chemin; je ne connais que celui-là

## SCÈNE XI

DORMET, *seul.*

Qu'a-t-il voulu dire? Aurait-il vu ma femme? Il faut que je m'en assure.

(*Il va pour sortir à gauche. Entre Isidore.*)

## SCÈNE XII

### DORMET, ISIDORE.

ISIDORE.

C'est moi, monsieur, pour l'acte.

DORMET.

Quoi? quel acte?

ISIDORE, *récitant.*

Acte passé devant maître Filandreux, notaire patenté, entre monsieur Dormet (*signe d'impatience de Dormet, qui tâche en vain de l'arrêter*), rentier, et mademoiselle Ernestine Miroton, dite Malakoff, sans profession, pour l'acquisition d'une maison de campagne, sise à...

DORMET.

Allez-vous vous taire, enragé?... Vous êtes donc fou!

ISIDORE.

Vous demandez quel acte?

**DORMET.**

Allons, c'est bien... Attendez un moment, je suis à vous...
Regardez les tableaux en attendant...

**ISIDORE.**

Les tableaux !... mais il n'y en a pas !

**DORMET.**

Eh ! parbleu, faites-en ! (*Il sort par la gauche.*)

## SCÈNE XIII

### ISIDORE, *seul.*

Faites-en ?... Il est bon ! (*Il s'assied.*) Je suis fâché de
l'avoir rencontré, le vieux... j'avais des intentions... Elle
est gentille, la demoiselle !... Eh bien, tant pis ! Au fait, il
ne me tuera pas !

## SCÈNE XIV

### ISIDORE, OSCAR.

OSCAR, *venant de la porte de droite.*

Le gris-pommelé a dû filer. Jetons quelques pierres dans
son intérieur.

**ISIDORE.** [*]

Tiens, monsieur Oscar !

**OSCAR.**

Le clerc de maître Filandreux, je crois.

**ISIDORE.**

Lui-même. On ne vous voit plus chez le patron !

**OSCAR.**

Non, cette année, la succession ne donne pas. C'est la
morte-saison pour les héritages... Mais que faites-vous ici ?

**ISIDORE,** *à part.*

Étonnons-le ! (*Haut, avec fatuité.*) Ne le devinez-vous
pas ?. . Ne savez-vous pas ce qui m'agite ?... C'est l'amour...
Et vous ?

* Isidore, Oscar.

OSCAR.

Moi, c'est la fumée!... Mais que dites-vous, l'amour ?
Est-ce que par hasard...

ISIDORE.

Ce n'est pas le hasard du tout, ce sont ses beaux yeux
qui m'attirent.

OSCAR.

Vous la connaissez depuis longtemps ?

ISIDORE, *à part*.

Continuons à l'étonner. (*Haut.*) Mais oui... mais oui.

OSCAR.

Ah! contez-moi donc cela!.. (*Il le prend par le bras
et ils font une petite promenade.*)

ISIDORE.

C'est une ancienne veuve, qui a eu des malheurs... son
mari l'a abandonnée...

OSCAR.

Naturellement, puisqu'elle est veuve !

ISIDORE.

Quand je dis veuve, vous comprenez. Du reste, de l'éducation, un prix du Conservatoire ; elle a joué la comédie. —
J'ai connu sa famille... Elle a été refusée par plusieurs par-
tis honorables...

OSCAR.

Vous disiez que son mari l'avait abandonnée...

ISIDORE, *à part*.

Ah! diable, c'est vrai ! (*Haut.*) Ce n'était pas son mari...
mais son bienfaiteur... un petit manteau bleu... comme
Dormet.

OSCAR.

Ah ! je suis heureux de connaître ces détails?

ISIDORE.

Seriez-vous mon rival ?

OSCAR.

J'en nourris l'espoir.

ISIDORE, *furieux.*

Et vous m'avez arraché les secrets ! ah ! monsieur, votre
conduite est bien infâme !

OSCAR.

Monsieur Isidore ! J'ai vingt-huit ans de salle ! demandez à Jacob... de plus...

ISIDORE, *calmé.*

Cette raison me suffit... Au reste, j'aime autant vous
qu'un autre... car vous êtes un malin, un homme lancé...
Tenez, je voudrais bien voir... — c'est entre nous... — Eh
bien ! je n'ai pas trop l'habitude... des petites dames, s'en-
tend ; vous comprenez, ce n'est pas mon genre ! je vais
dans le monde... Je voudrais bien voir comment vous vous
y prenez.

OSCAR.

C'est facile ! nous vous montrerons ça. J'entends quelqu'un ! Attention, c'est elle, sans doute.

ISIDORE.

Mais non, ce doit être Dormet, c'est son creux !

OSCAR.

Comment, il est encore ici !

ISIDORE.

Mais oui, nous devons sortir ensemble.

OSCAR, *entr'ouvre la fenêtre et se cache sur le balcon.*

Pas un mot... et revenez bientôt... vous aurez votre
leçon !

# SCÈNE XV

### ISIDORE, DORMET.

DORMET.

Elle s'est enfermée... et ne veut pas m'ouvrir... Il y a
quelque chose de louche... je reviendrai bientôt... Je suis à
vous, monsieur, partons !

ISIDORE, *à part.*

Je vais me débarrasser de ce vieillard sans laisser de tra-
ces. (*Haut.*) A vos ordres, monsieur ! (*Ils sortent.*)

## SCÈNE XVI

OSCAR, *seul.* (*Il ouvre la fenêtre et vient sur le théâtre.*)

Nous pouvons, je crois, agir carrément. Je connais les
antécédents. La voici ! je vais lui montrer qui je suis ! (*Il
s'assied et se carre sur le canapé.*)

## SCÈNE XVII

### LUCIE, OSCAR.

LUCIE, **entrant de gauche, sans voir Oscar.**

Monsieur Dormet est parti... il est inquiet... son châti-
ment commence... Tiens, le monsieur d'au-dessus.

OSCAR.*

Mais oui ; vous voyez que je vous attendais.

LUCIE.

C'est fort aimable à vous, monsieur.

OSCAR.

Savez-vous qu'il fait bien les choses ; c'est très-propre
chez vous.

LUCIE.

Votre approbation m'est précieuse, monsieur. Vous êtes un
artiste, un homme de goût.

OSCAR.

Votre appartement n'a qu'un défaut, c'est de fumer chez
moi. (*Il roule une cigarette.*)

LUCIE.

Mais que faites-vous donc, monsieur ?...

OSCAR.

Je vais faire comme votre cheminée, si vous le permettez : je ne veux pas rester votre débiteur.

* Oscar, Lucie.

LUCIE.

Monsieur, je vous en prie, l'odeur du tabac m'est insupportable.

OSCAR.

Vous m'étonnez. Enfin, je ne veux pas vous déplaire (*il jette sa cigarette dans la cheminée*), d'autant plus que je suis venu ici avec des intentions diamétralement opposées...

LUCIE.

Que voulez-vous dire ?

OSCAR.

Mon Dieu, oui, je sais bien que je vais être encore en concurrence avec mon cauchemar... que le placard va jouer de nouveau un grand rôle dans mon existence, mais, sans compliment, vous valez bien cela, et si vous le permettez, voici ma main, elle est à vous !

LUCIE, *riant.*

Vous voulez m'épouser !

OSCAR, *souriant.*

Vous épouser ! madame, je vous ai tendu la main gauche.

LUCIE.

Monsieur, vos expressions sont au moins déplacées.

OSCAR.

Déplacées !.. comment ?.. voyons, ne jouons pas la comédie. On m'a dit que vous y excelliez, mais je ne suppose pas que vous remplissiez à la ville les rôles d'ingénue.

LUCIE.

Ah ! pardon, mais je vous arrête. Voilà une phrase que je ne comprends pas du tout.

OSCAR.

Vous ! un prix du Conservatoire !

LUCIE.

Moi !

OSCAR.

Je vous dis que je sais tout. Isidore a parlé.

LUCIE.

Le clerc !

OSCAR.

Mais oui, parbleu, il m'a tout raconté.

LUCIE.

Ce pauvre monsieur Oscar ! Comment, vous, un homme que l'on dit intelligent, un artiste! (*elle rit*) et par un clerc de notaire ! Oh !

OSCAR.

Comment ! Est-ce que vous croyez que ce jeune plumitif?...

LUCIE, *riant.*

Ne vous aurait-il pas dit encore que je ne suis pas la femme de monsieur Dormet?

OSCAR.

Vous êtes donc sa femme?

LUCIE.

De la main droite, parfaitement, monsieur.

OSCAR.

Ah! madame, combien je suis honteux!

LUCIE.

Consolez-vous. Je ne vous en veux peut-être pas...

OSCAR.

Quoi, madame, vous seriez assez bonne?...

LUCIE.

Pourquoi pas?

OSCAR.

Et vous permettez que je revienne? Laissez-moi vous remercier à genoux de mon pardon. (*Il s'agenouille.*)

LUCIE, *à part.*

Ah! monsieur Dormet, si vous pouviez arriver...

OSCAR *va pour sortir, à droite.*

Madame, je me retire pour vous laisser le temps d'oublier ma bévue... Où avais-je les yeux?

LUCIE.

Monsieur! mais j'entends quelqu'un... c'est lui... mon mari... c'est bien son pas... s'il vous voit!

OSCAR.

Où me cacher? sur ce balcon?

LUCIE.

Non... Dans ce placard.

OSCAR.

Je le disais bien... le placard! ça recommence!

LUCIE.

Allons, vite, monsieur! (*Elle l'enferme dans le placard à droite. Il a laissé sur la table à droite sa canne et son chapeau.*)

## SCÈNE XVIII

### LUCIE, ISIDORE, *du fond.*

LUCIE.

Quoi, c'est vous, monsieur? qu'avez-vous fait de monsieur Dormet?

ISIDORE.

Je l'ai perdu dans un embarras de voitures... Je l'ai quitté au moment où un omnibus allait lui passer sur le corps. Malheureusement, les chevaux effrayés ont fait un écart, et...

LUCIE.

Que dites-vous? achevez?...

ISIDORE.

J'ai la douleur de vous apprendre qu'il se porte comme vous et moi.

LUCIE.

Vous m'avez fait une peur! Mais pourquoi l'avez-vous quitté?

ISIDORE.

Je voulais causer seul avec vous. — (*A part.*) Je ne me trompe pas. Sur cette table, le chapeau et la canne d'Oscar. Ah! c'est ainsi! Il est là... il écoute, sans doute. Je vais lui montrer que je n'ai pas besoin de ses leçons.

LUCIE.

Puis-je savoir, monsieur?

ISIDORE *va déposer sur le canapé sa canne et son chapeau.*

Un moment de patience! Procédons par ordre, ne nous pressons pas? (*Il s'assied.*) J'ai vu Dormet s'élancer dans un café, pour se remettre de sa frayeur, nous avons donc le temps. (*Il s'assied sur le canapé et met les pieds en l'air.*)

LUCIE.

Ne vous gênez pas, monsieur, je vous en prie.

ISIDORE.

C'est bien mon intention. Vous avez dû vous moquer de moi, ce matin.

LUCIE.

Ce matin, monsieur, vous avez fait une énorme bévue, que vous allez continuer, je le vois. Il est donc temps de faire cesser ce quiproquo... Je suis madame Dormet et non pas mademoiselle Miroton!

ISIDORE, *se levant.*

Vous n'êtes pas Malakoff?

LUCIE.

-Pas le moins du monde.

ISIDORE.

Mais je vous ai remis l'acte.

LUCIE.

Et j'en profiterai, croyez-le-bien.

ISIDORE.

Mais alors, si vous n'êtes pas Malakoff, je ne pourrai donc
pas vous faire la cour...

LUCIE.

Je vous en laisse juge.

ISIDORE.

Si vous n'étiez pas trop en colère, madame, je me risque-
rais bien encore, mais c'est diablement sérieux! Dormet
aurait parfaitement le droit... J'y réfléchirai, madame,
si vous le permettez, et je vous donnerai ma réponse.

LUCIE.

Monsieur, il faut fuir; j'entends du bruit, c'est mon
mari, sans doute; vous êtes perdu, s'il vous voit...

ISIDORE.

Où fuir ? dans ce placard ?

LUCIE.

Non, dans celui-ci !

ISIDORE.

Sauvé ! (*Elle l'enferme dans l'autre placard à gauche.*)

# SCÈNE XIX

## LUCIE, MADAME PAULINE VILLIER.

LUCIE.

Comment, c'est toi ?

PAULINE.

Oui, j'ai voulu savoir si tu avais réfléchi à ce que je
t'ai dit.

LUCIE.

Tu seras contente de moi...

PAULINE.

Vrai ? tu suivras mon conseil ?

### LUCIE.

Je suis en train de le mettre à exécution.

### PAULINE.

Raconte-moi vite cela.

### LUCIE.

Tu vois ces deux objets? là... sur cette table.

### PAULINE.

Cette canne et ce chapeau ?

### LUCIE.

Oui. Eh! bien, voilà mes instruments de vengeance ; quant au propriétaire desdits objets, il est là... dans ce placard.

### PAULINE, *riant.*

Ah! ah! ah! c'est délicieux! Et quel est ce monsieur qui passe son temps là dedans d'une manière aussi agréable ?

### LUCIE.

Cette fois, c'est la voix de mon mari ; je n'ai pas le temps de te donner plus d'explications ; mais entre vite dans cette chambre et prête l'oreille. Tu sauras tout. (*Pauline entre dans la chambre.*)

## SCÈNE XX

### LUCIE, DORMET.

### LUCIE, *à part.*

A nous deux, monsieur Dormet!

### DORMET, *à part.*

Le clerc qui m'a abandonné, où peut-il être passé ?

### LUCIE.

Comme vous êtes pâle !

### DORMET.

Je suis pâle! ça ne m'étonne pas. J'ai failli être dévoré

par un cheval d'omnibus... Représailles du siège... Ces
animaux sont d'une férocité...

LUCIE.

Ce pauvre ami ! Vous étiez sorti avec le clerc, c'était sans
doute pour moi. — Oh ! vous êtes bon !

DORMET.

Comment ? C'était pour toi...

LUCIE.

Sans doute, vous alliez chez le notaire pour cette maison
de campagne ?

DORMET, *à part.*

Ah ! diable ! (*Haut.*) Mais certainement, ma chère amie,
je suis allé chez le notaire, il refuse. Cent mille francs, pas
un sou de moins. Tu comprends que je n'ai pas conclu.

LUCIE.

Allons, je le vois, c'est une surprise... mais ne continuez
pas plus longtemps, je sais tout.

DORMET.

Tout quoi ?

LUCIE.

Vous l'avez achetée, cette maison qui me plaisait tant.

DORMET, *à part.*

Le clerc aurait-il parlé ?

LUCIE.

J'ai vu l'acte.

DORMET.

Je suis pris.

LUCIE.

Mais pourquoi donc jaunissez-vous, monsieur ?

DORMET.

Comment... je jaunis !...

LUCIE.

Mais oui... (*Changeant de ton.*) Savez-vous bien,

monsieur, que j'aurais le droit de vous punir ? Savez-vous bien, monsieur, que vous mériteriez que je vous appliquasse la peine du talion ?

DORMET.

Hein ?

LUCIE.

Œil pour œil, dent pour dent.

DORMET, *à part*.

Elle sait tout ! (*Digne*.) Madame, veuillez vous expliquer, je ne comprends pas ces plaisanteries.

LUCIE.

Monsieur refuse tout à sa femme, monsieur reçoit le *Constitutionnel* à la maison, puis il s'en va, je ne sais où, se dérider par la lecture de quelques feuilles non timbrées. (*Elle a pris la canne d'Oscar qu'elle tourne dans la main.*)

DORMET.

Quelle est donc cette canne ?

LUCIE.

Regardez-vous donc un peu, vous avez cinquante ans et vous engraissez horriblement.

DORMET.

Madame, cette canne n'a jamais été à moi.

LUCIE.

Ah ! vous allez chez des demoiselles Miroton, dite Malakoff !

DORMET. *Il cherche à saisir la canne et passe à gauche.*

Mais je ne connais pas cela ; qui t'a dit ?... C'est faux ; on me calomnie, ma bonne Lucie !

LUCIE, *lui montre l'acte.*

Lisez ! et osez soutenir le contraire, à présent.

DORMET, *à part.*

Ah ! mon Dieu ! c'est cet infâme clerc !

LUCIE.

Vous vous taisez! Croyez-vous que je n'aurais pas raison
de me venger! Au reste, ma vengeance a déjà commencé.

DORMET.

Que dites-vous?

LUCIE.

Écoutez une histoire qui n'est pas ancienne. C'était
avant hier, vous étiez chez la demoiselle Malakoff; vous
aviez entamé le chapitre des confidences, lorsque...

DORMET.

Mais, madame, me direz-vous à qui appartient cette
canne?

LUCIE.

Juste ce que vous dites à Malakoff. Elle vous répondait
que c'était à vous; mais vous la lui preniez des mains, et
après l'avoir regardée...

DORMET, *après avoir fait ce que dit Lucie.*

Je suis sûr que cette canne ne m'a jamais appartenu.

LUCIE.

Précisément. — Mais ce n'est pas tout. Vos yeux aper-
çoivent bientôt sur une table, un chapeau du sexe mascu-
lin; vous vous élancez, le prenez, le retournez, vous l'es-
sayez même, et vous vous écriez...

DORMET, *après avoir fait tout ce qu'a dit Lucie.*

Nierez-vous qu'il soit venu un homme?

LUCIE.

Alors, tournant vos yeux de tous côtés dans l'appartement de mademoiselle Malakoff, vous vous élanciez...

DORMET *court au placard.*

Il est là!

LUCIE, *à part, se sauvant.*

Ah! monsieur Dormet, j'ai promis de vous faire peur!
(*Dormet a ouvert le placard. Oscar en sort en s'épous-
setant avec aplomb.*)

2.

## SCÈNE XXI

### DORMET, OSCAR.

DORMET.

Le parrain de Malakoff! Toujours lui! Cet homme passe sa vie dans les placards!

OSCAR.

Ouf! vous avez bien fait de m'ouvrir! J'étouffais là-dedans.

DORMET.

Que faisiez-vous là?

OSCAR.

Je suis le parrain de votre femme.

DORMET.

Ah! vous êtes donc le parrain de toutes les femmes?

OSCAR.

Mais non, pas plus que vous. C'est une affreuse plaisanterie de Malakoff, mais j'en ai assez.

DORMET. *Il écrase le chapeau.*

Malakoff me trompait, alors!

OSCAR.

Pardon, si cela vous est égal, ce chapeau m'appartient! (*Il le prend.*) Merci! Si Malakoff vous trompait?...

DORMET.

Monsieur, vous m'en rendrez raison!

OSCAR.

Raison de quoi?

DORMET.

De vos torts!

OSCAR.

Comment l'entendez-vous?

DORMET.

Nous nous battrons!

OSCAR.

Nous battre!

DORMET.

Vous acceptez?

OSCAR.

Tout de suite. Allons nous scier la gorge.

DORMET.

Ah! nous avons le temps!

OSCAR.

Du tout! Je dîne en ville; je tiens à vous expédier auparavant.

DORMET.

Que vois-je?

OSCAR.

Quoi donc?

DORMET, *revenant avec le chapeau et la canne d'Isidore.*

Est-ce à vous, ça?

OSCAR.

A moi? non! Je n'ai jamais qu'un chapeau à la fois!

DORMET.

Mais alors!...

OSCAR.

Nous sommes trompés!

DORMET.

Comment? nous!

OSCAR.

Pardon! c'est une vieille habitude. Nous avons si souvent collaboré ensemble.

DORMET.

Y aurait-il encore un homme ici?

OSCAR.

Cette porte?

DORMET.

C'est un placard ! ( *Il l'ouvre. Isidore en sort à moitié étouffé.* )

## SCÈNE XXII

ISIDORE, DORMET, OSCAR.

ISIDORE.

Ah ! enfin ! Tuez-moi, mais donnez-moi de l'air !

DORMET et OSCAR.

Le clerc !

DORMET.

Que faisiez-vous là ?

ISIDORE.

Ah ! je vous jure que mes intentions sont pures !

OSCAR.

On ne s'introduit pas dans les placards d'autrui avec de bonnes intentions !

DORMET.

Monsieur, faites votre prière ; vous avez cinq minutes.

ISIDORE.

Cinq minutes, le temps d'aller chez moi et de ne pas revenir.

DORMET, furieux, le prend par le bras et le fait pirouetter.

Ah ! gredin ! tu ne m'échapperas pas !

ISIDORE, tremblant.

Au secours ! à l'assassin !

## SCÈNE XXIII

**LES MÊMES, LUCIE, MADAME PAULINE VILLIER.**

**LUCIE.**

Allons, monsieur Dormet, calmez-vous et laissez monsieur.

**DORMET.**

Vous arrivez à propos, madame.

**PAULINE.**

Tout cela n'était qu'une plaisanterie, monsieur Dormet.

**DORMET.**

Une plaisanterie! Vous appelez cela une plaisanterie, madame? Bien obligé!

**LUCIE.**

Oui, monsieur, je vous affirme qu'il n'y a rien de sérieux. J'ai voulu seulement vous faire peur; ai-je réussi?

**DORMET.**

Oh! oui!

**LUCIE.**

Je sais tout, monsieur, mais je pardonne... à une condition. Monsieur Oscar, faites cadeau de votre canne à monsieur Dormet, qui, de son côté, va vous remettre la sienne.

**DORMET.**

Du tout, du tout. D'abord je ne comprends pas du tout l'utilité de cet échange; ensuite, ma canne est forte, je puis m'appuyer dessus, tandis que celle de monsieur est une petite badine.

**LUCIE,** *prenant la canne d'Oscar et en menaçant Dormet.*

Avec laquelle il ne faut pas badiner, monsieur Dormet,

et puisque vous ne comprenez pas, dites-vous, l'utilité de cet échange, je vais vous la faire connaître. Cette canne sera suspendue au-dessus de votre bureau, afin que vous l'ayez toujours devant les yeux, et qu'elle vous rappelle ce que je veux bien oublier, moi. Ce sera votre canne de Damoclès !

**FIN.**



2541  Paris. — Typ. Morris Père et fils, 64, rue Amelot.